「创造最有价值的阅读」

“阅读力”指导专家委员会

顾　问：朱永新

主　任：曹文轩

成　员：(以姓氏笔画为序)

王士荣　方卫平　朱芒芒　刘克强　杜德林
何立新　张伟忠　张祖庆　周其星　周益民
胡　勤　顾之川　倪文尖　黄华伟　梅子涵
章新其　蒋红森　滕春友

丛书主编：曹文轩

本书编写人员：叶松华

丛书统筹：王晓乐

丛书统筹助理：罗敏波

名著阅读力养成丛书

老子直解

◆ 陈庆惠 校注

图书在版编目(CIP)数据

老子直解 /（春秋）老子著;陈庆惠校注. —杭州:
浙江文艺出版社,2021.11
（名著阅读力养成丛书）

ISBN 978-7-5339-6246-3

Ⅰ. ①老… Ⅱ. ①老… ②陈… Ⅲ. ①道家②《道德经》-研究 Ⅳ. ①B223.15

中国版本图书馆CIP数据核字(2020)第191545号

责任编辑 余文军
装帧设计 吕翡翠
责任校对 陈 玲
责任印制 张丽敏
营销编辑 赵颖萱

老子直解

〔春秋〕老子 著 陈庆惠 校注

出版 浙江文艺出版社
地址 杭州市体育场路347号
邮编 310006
网址 www.zjwycbs.cn
经销 浙江省新华书店集团有限公司
制版 浙江新华图文制作有限公司
印刷 杭州杭新印务有限公司
开本 710毫米×1000毫米 1/16
字数 60千字
印张 4
插页 2
版次 2021年11月第1版
印次 2021年11月第1次印刷
书号 ISBN 978-7-5339-6246-3
定价 20.00元

团购电话:0571-85064309

出版说明

阅读不仅关乎个人的素养和语文教育的水平，也关乎整个社会的风尚和文明的品质。从2016年9月起，全国中小学陆续启用了教育部统编语文教材。统编教材特别重视阅读，加强了阅读设计，鼓励学生通过大量阅读来提升语文素养，提高阅读能力和阅读水平。语文学习要建立在广泛的课外阅读的基础上，已经成为越来越多的人的共识。

我社以文学立社，出名著，出精品，几十年来在古典文学、现当代文学、外国文学、儿童文学等领域积累了大量的资源和优秀的版本。从2003年起就陆续推出“语文新课标必读丛书”，为中小学生的名著阅读助力，深受欢迎。随着统编语文教材的使用，我社面向师生做了大量的教材使用调研，多次邀请并集聚读书界、语文教育界、文学界、出版界等领域的专家把脉会诊，群策群力，为中小学生和老师们精心策划、精心编辑，推出了这套“名著阅读力养成丛书”。

这套丛书收录中小学语文课程标准和统编语文教材推荐阅读书目，不仅收录小学“快乐读书吧”和初中“名著导读”中推荐阅读书目，而且配合“1＋X”群文阅读设计，收录课文后要求阅读的作家作品，共计百余种，基本满足中小学生的阅读需要。

该丛书由曹文轩先生担纲主编，延请一线教学名师，对入选的每一部作品编写有针对性的阅读指导方案，介绍作家作品和创作特色，提出合理的阅读建议，引导学生进行专题探究，有意识地拓展学生的阅读视野，有选择性地提供阅读检测与评估办法。这样，有步骤地引领学生完成整本书阅读，了解文学、科普等不同类别作品的阅读方法，了解小说、散文、诗歌、戏剧等不同文体的特征，切实有效地提高学生的阅读水平和阅读能力，同时也给老师的教学实践提供一种参照与借鉴。可以说，这套书不仅强调要读什么，更强调应该怎么读。

该丛书在版本选用上精益求精，精挑细选经典权威版本，囊括一批资深翻译家的经典译本，如傅雷译《名人传》《欧也妮·葛朗台》、力冈译《猎人笔记》、卞之琳译《哈姆雷特》等。对于名家选本，追求代表性，或由该领域权威研究者编选，或由作家自己编选。由于“五四”白话文运动的发轫与推进，中国现代文学作品在语体上有着鲜明的用语特色，我们在编校中参阅相关文献对少量字词和标点做了适当的修改，尽可能地保留作品的原貌。

该丛书在设计上充分考虑阅读的舒适感和青少年的用眼卫生，尽可能地采用大号字体、米黄纸张，做到版面疏密有致、图书轻重得宜等。所有这些，旨在推出一套真正面向学生、服务学生的青少年版丛书。

培根说：“读书足以怡情，足以傅彩，足以长才。”经典名著的影响力是不可估量的，一本好书能够让一个人终身受益。让我们种下阅读的种子，学会阅读，爱上阅读，在阅读中唤起灵性和兴味；让我们在多姿多彩的阅读的花园里，去领略丰美而自由的天地！

浙江文艺出版社

总　序

曹文轩

“新课标”以及根据“新课标”编定的国家统一中小学语文教材，有一个重要的理念：语文学习必须建立在广泛的课外阅读基础之上。

语文学科与其他学科的重要区别是：其他一些学科的学习有可能在课堂上就得以完成，而对于语文学科来说，课堂学习只不过是其中的一部分，甚至不是最重要的一部分；语文学习的完成须有广泛而有深度的课外阅读做保证——如果没有这一保证，语文学习就不可能实现既定目标。我在有关语文教育和语文教学的各种场合，曾不止一次地说过：课堂并非是语文教学的唯一所在，语文课堂的空间并非只是教室；语文课本是一座山头，若要攻克这座山头，就必须调集其他山头的力量。而这里所说的其他山头，就是指广泛的课外阅读。一本一本书就是一座一座山头，这些山头屯兵百万，只有调集这些力量，语文课本这座山头才可被攻克。一旦涉及语文，语文老师眼前的情景永远应当是：一本语文课本，是由若干其他书重重包围着的。一个语文老师倘若只是看到一本语文教材，以为这本语文教材就是语文教学的全部，那么，要让学生从真正意义上学好语文，几乎是没有希望的。有些很有经验的语文老师往往采取一种看似有点极端的做法，用很短的时间一气完成一本语文教材的教学，而将其余时间交给学生，全部用于课外阅读，大概也就是基于这一理念。

关于这一点，经过这些年的教学实践，加之深入的理性论证，语文界已经基本形成共识。现在的问题是：这所谓的课外阅读，究竟阅读什么样的书？又怎样进行阅读？在形成“语文学习必须建立在广泛的课外阅读基础之上”这一共识之后，摆在语文教育专家、语文教师和学生面前的却是这样一个让人感到十分困惑的问题。

有关部门，只能确定基本的阅读方向，大致划定一个阅读框架，对阅读何种作品给出一个关于品质的界定，却是无法细化，开出一份地道的足可以供一个学生大量阅读的大书单来的。若要拿出这样一份大书单，使学生有足够的选择空间，既可以让他们阅读到最值得阅读的作品，又可避免因阅读的高度雷同化而导致知识和思维高度雷同化现象的发生，则需要动用读书界、语文教育界、文学界、出版界等领域和行业的联合力量。一向有着清晰领先的思维、宏大而又科学的出版理念，并有强大行动力的浙江文艺出版社，成功地组织了各领域的力量，在一份本就经过时间考验的书单基础上，邀请一流的专家学者、作家、有丰富教学经验的语文老师、阅读推广人，根据“新课标”所确定的阅读任务、阅读方向和阅读梯度，给出了一份高水准的阅读书单，并已开始按照这一书单有步骤地出版。

这些年，我们国家上上下下沉思阅读与国家民族强盛之关系，国家将阅读的意义上升到从未有过的高度，无数具有高度责任感的阅读推广人四处奔走游说，并引领人们如何阅读，有关阅读的重大意义已日益深入人心。事实上，广大中小学的课外阅读已经形成气候，并开始常态化，所谓“书香校园”已比比皆是。现在的问题是：阅读虽然蔚然成风，但阅读生态却并不理想，甚至很不理想。这个被商业化浪潮反复冲击的世界，阅读自然也难以幸免。那些纯粹出于商业目的的写作、阅读推广以及和各种利益直接挂钩的某些机构的阅读书目推荐，造成了阅读的极大混乱。许多中小学生手头上阅读的图书质量低下，阅读精力的投放与阅读收益严重不成比例。更严重的情况是，一些学生因为阅读了这些质量低下的图书，导致了天然语感被破坏，语文能力非但没有得到提高，还不断下降。如果这种情况大面积发生，我们还在毫无反思、毫无警觉地泛泛谈课外阅读对语文学习之意义，就可能事与愿违了。现实迫切需要有一份质量上乘、定位精准、真正能够匹配语文教材的阅读书目以及这些图书的高质量出版。

我们必须回到“经典”这个概念上来。

我们可能首先要回答“经典”这个词从何而来。

人们发现，这个世界上的书越来越多了，特别是到了今天，图书出版的门槛大大降低，加之出版在技术上的高度现代化，一本书的出版与竹简时代、活字印刷时代的所谓出版相比，其容易程度简直无法形容。书的汪洋大海正席卷这个星球。然而，人们很清楚地看到一个根本无法回避的事实，那就是：每一个人的生命长度都是有限的，我们根本不可能去阅读所有的图书。于是，一个问题很久之前就被提出来了：怎么样才能在有限的生命过程中读到最值得读的书？人们聪明地想到了一个办法：将一些人 [illegible] 一些读书种子——养起来，让他们专门读书，让读书成为他们的事业和职业，然后由“苦读”的他们转身告诉普通的阅读大众，何为值得将宝贵的生命投入于此的上等图书，何为不值得将生命浪费于此的末流图书或是品质恶劣的图书。通过一代一代人漫长而辛劳的摸索，我们终于把握了那些优秀文字的基本品质。这些被认定的图书又经过时间之流的反复洗涤，穿越岁月的风尘，非但没有留下被岁月腐蚀的痕迹，反而越发光彩、青春焕发。于是，我们称它们为“经典”。

阅读经典是人类找到的一种科学的阅读途径。阅读经典免去了我们生命的虚耗和损伤。我们可以通过对这些图书的阅读，让我们的生命得以充实和扩张。我们在这些文字中逐渐确立了正当的道义观，潜移默化之中培养了高雅的审美情趣，字里行间悲悯情怀的熏陶，使我们不断走向文明，我们的创造力因知识的积累而获得了足够的动力，并因为这些知识的正确性，从而保证了创造力都用在人类的福祉上。阅读这些经典所获得的好处，根本无法说尽。而对于广大的中小学生来说，阅读经典无疑也是提高他们语文能力的明智选择。

这套书，也许不是所有篇章都堪称经典，但它们至少称得上名著，都具有经典性。

2018年7月15日于北京大学

点击名著

我们现在比较肯定的是，老子是楚国人，又被称为老聃。历代学术界对老子其人其事均有激烈的论战，甚至有人怀疑老子其人的真实性。但这并不妨碍老子在中国人心中的地位，老子对中国文化实在是太重要了。胡适先生将老子称为“中国哲学的始祖”，当代著名学者陈鼓应先生认为中国“哲学的突破”始于《老子》。

大多数学者认为，《老子》的作者是老子。据《史记》记载：老子见周室衰微，于是骑青牛出函谷关，守关的官吏尹喜听说老子很有学问，就想请老子写书，于是就在很短时间内，老子写下了五千余言。传说尹喜看完后，弃官不做，和老子一起出关西去。这样的传说给《老子》更加增添了神秘的色彩。《老子》共分为八十一章，其中前三十七章被称为《道经》，开篇即是“道可道”；三十八章开始被称为《德经》，因为第三十八章开头是“上德不德”。

《老子》以及由此产生的道家学说对中国文化产生了极为深远的影响。儒家学派就承认孔子曾问礼于老子；法家集大成者韩非子是最早注解《老子》的思想家；魏晋时期的清谈玄学就是对道家的实践；印度佛教传入中国与道家结合产生了中国独有的佛教——禅宗；宋代以后，宋明理学谈论的“理”“气”“太极”等核心概念均出于道家。现代著名史学家吕思勉先生就说过：“道家之学，实为诸家之纲领；诸家皆专明一节之用，道家则总揽其全。”（《先秦学术概论》）不仅如此，《老子》是最早被翻译成外文的中国经典，《老子》也是全世界的外文发行量仅次于《圣经》的书籍。黑格尔曾说：“中国人把认识道的各种形式看作是最高的学术……老子的著作，尤其是他的《道德经》，最受世人崇仰。”（《历史哲学》）

阅读建议

◎ 尊重原文，从理解词意入手，走进《老子》的文本世界

国际著名佛学家、梵学家，奥地利科学院院士，维也纳大学教授恩斯特·斯坦因凯勒说：如果不能以语文学的方法来正确阅读文本的话，那么哲学的解读恐怕是意义不大的。斯坦因凯勒教授所说的语文学包括版本、校勘、语法等内容，对于青少年读者来说，我们首先需要准确理解《老子》的文本含义。《老子》区区五千余言，但解读它的文字不下百万，古今名家的注解，多达数十种。这说明《老子》的文字含义与我们一般所理解的有较大的距离。比如梁启超认为《老子》成书于战国时代，理由是《老子》中有“取天下常以无事”这样的成语。这在春秋还不会使用。后人就指出，“取”为“治理”的意思，“取天下常以无事”的意思接近于“无为而治”。（摘编自陈鼓应《老子译注及评介》）对《老子》的研究，当代学者已经取得了巨大的成就，我们阅读时，挑选一两本当代名家的翻译本，从准确理解字词入手，充分了解《老子》的原意。

◎ 与《论语》相观照，体悟《老子》的思想世界

有人发现，《老子》全书八十一章，五千多字中没有一个“你”字，这代表老子根本不和他人对话。我们比较熟悉的后世的隐士，比如楚狂接舆、长沮、桀溺也秉承了这一特点。《老子》一书记载的是老子的个人反思，抽象精微、蕴含丰富，如何能够接近老子的思想世界，我想，对比是一个好办法。将熟悉的儒家经典与《老子》做比较，拿《论语》作为理解《老子》的阶石，从两大思想流派的异同中，逐渐读懂《老子》，这也许是我们中学生比较可以施行的办法。《论语》《老子》均谈论政治，均谈及修身，哪些是相通的，哪些是截然相反的，异同比较之中，《老子》的思想也许就渐渐清晰。

◎ **以经典的眼光看待《老子》，领略老子的文化内涵**

有人说《老子》讲养生，有人说《老子》讲治国，也有人毫不客气地说《老子》讲阴谋。经典的作用是什么？朱自清先生在《经典常谈》里说："经典训练的价值不在实用，而在文化。"我们应该抱着"观景揽胜"的思想，带着欣赏的眼光阅读《老子》，而不是首先想着《老子》有何用。尤其对于我们中学生来说，阅读《老子》，最重要的是了解中国文化的源流，进而理解、共情中国传统文化，最终树立起文化自信心和自豪感。

知识和能力

◎ **正言若反**

"正言若反"一词出自老子第七十八章，它的意思是正面的话恰像是反面的，真理好像违背常识。(《中国哲学史教学资料汇编》，中华书局1962年版）以"大巧若拙"为例，它把对立的概念"巧"和"拙"，赋予特定的语义，用肯定的语气，建立肯定命题。这里的巧是一种特定的"巧"，"大巧"（最巧），它就"若拙"，即像"拙"。

"正言若反"式的话语在《老子》中很常见，是《老子》格言的一大语言特点。他有如下几种形式：

"大巧若拙"类，包含"大盈若冲""大音希声"等格言，这些格言表达"在他物中认识此物，认识到在此物中包含着此物的对方"之意，即事物的对立统一。

"将欲歙之，必固张之"类，包含"将欲取之，必固予之"等格言，这些格言表达"事物的质变，有赖于量变的累积"之意，也可理解为目的与手段的对立统一。

"曲则全"之类，包含"不自见，故明""受国不祥，是为天下王"

等格言，这些格言表达“条件与结果的对立统一”或者是“本质与现象的对立统一”。

正言若反，往往被误认为是老子的阴谋论，其实它是中国传统的辩证逻辑，包含着事物本性内在的对立统一。

◎ “虚静”“玄鉴”的认识论

老子反对实践出真知，老子否认人的认识来源于感觉经验，“不出户，知天下；不窥牖，见天道。其出弥远，其知弥少。是以圣人不行而知，不见而明，不为而成”。老子认为外来的经验是对人明“道”的最大的干扰，他宣扬“涤除玄鉴”的直觉式的方法，教人们洗心内照。站在统治者的立场上，反对启迪民智，要人们做到“绝圣弃智”“绝学无忧”。他认为，“古之善为道者，非以明民，将以愚之。民之难治，以其多智”。因此，主张“常使民无知无欲”。

专题探究

一、“道”是《老子》的核心概念，《老子》的所有论述都是在“道”的基础上展开的。“道”在《老子》书中共出现了七十三次，请你找出书中全部的“道”，并且利用工具书、结合上下文，解释 “道”的多种含义，最后试着将这些“道”勾连起来，形成一个解释“道”的意义脉络。

二、《老子》语言凝练，论述精辟，很多语言成为了格言警句，比如“千里之行，始于足下”“夫唯不争，故天下莫能与之争”“损有余而补不足”等。请你挑选其中的一则，从文言意义、道理阐释、历史影响、现代解读、笔者感悟等角度写一篇赏析短文。

三、类比证论，是一种通过已知事物（或事例）与跟它有某些相同特点的事物（或事例）进行比较类推从而证明论点的论证方法。类比论证富有启发性，不拘于事物表面上的差异，把不同的事物联系起来考察。它深入浅出，使读者易于领悟抽象的道理，使文章的观点鲜明深刻，简练生动。

类比论证的逻辑形式为：A具有a、b、c、d的属性，B具有a、b、c的属性，所以，B可能具有d的属性。类比论证属于或然性推理，是一种从特殊到特殊、从个别到个别的推理方式，其结论不一定为真，只有一定程度上的可靠性。

请从《老子》中找出类比论证的篇章，试着分析《老子》类比论证的优点和存在的不足。

目录
CONTENTS

前　言

陈庆惠

《老子》又称《道德经》《老子五千文》，主要作者是老子，即老聃。老聃相传是春秋时期的思想家，道家学派的创始人，姓李名耳，字伯阳，楚国苦县（今河南鹿邑东）厉乡曲仁里人，做过周朝管理藏书的史官。《老子》的成书经过了相当长的一段时间。老聃的门徒相继在老聃学说的基础上整理、补充，最后大约成型于战国时期。

《老子》是一部不朽的哲学著作，集中体现了老子的哲学思想。老子哲学思想的中心是“道”，其涵义相当广泛，它反映了生产力低下的时代道家学派对宇宙本体和物质变化的总体认识。老子提出了“道生一，一生二，二生三，三生万物”（四十二章）的观点，认为宇宙间的万物都衍生于“道”。继而认为“道”是“夫莫之命（命令）而常自然”（五十一章）的，“道”不以人的意志而改变，而且具有“独立而不改，周行而不殆”（二十五章）的永恒意义。因而，“人法地，地法天，天法道，道法自然”（二十五章）。那么，“道”又是何物呢？老子认为，“道之为物，唯恍唯惚”（二十一章），没有固定形体，因而“视之不见”，“听之不闻”，“抟之不得”（十四章）；又说“道常无名”，“无名，天地之始”，“天下万物生于有，有生于无”（四十章）。虽然老子还不能清楚地说明“道”的特点，但是老子是中国哲学史上第一个用负概念“无”来作为万物本原的，这是人类认知史上的重要里程碑。

老子哲学中最具价值的是充满着思辨哲理的辩证法思想。老子已经认识到任何事物都具有既相互对立又相互依赖的正反两个方面，科学地指出了“有无相生，难易相成，长短相形，高下相倾，音声相和，前后相随”（二章）等对立统一的现象，还进一步意识到事物对立统一着的双方都在相互转化，提出了“反者道之动”（四十章）的命题，辩证地指出“正复为奇，善复为妖”，“祸兮，福之所倚；福兮，祸之所伏”的道理，从而引出了贵柔、守雌、无为的人生哲学。《老子》一书中蕴含辩证因素的警句，如“柔弱胜刚强”“将欲取之，必固与之”“大巧若拙”“胜人者有力，自胜者强”等，熠熠生辉，千古流传，已成为我国人民宝贵的精神财富。由于时代的局限，老子哲学思想不免带有原始、朴素的性质，包含着机械、片面的成分，如忽视事物对立面转化中的必要条件等。

《老子》还反映了作者鲜明的社会观念，提出了反对剥削的平均主义思想，指出“天之道”是“损有余而补不足”，但当时的“人之道”却是“损不足以奉有余”；并以激烈的言辞抨击当时的社会弊端，揭示了人民生活艰难的根本原因：“民之饥，以其上食税之多。”（七十五章）认为“服文采，带利剑，厌饮食，财货有余”的贵族们是十足的“盗竽”（强盗头子）（五十三章）。还描绘了一幅“甘其食，美其服，安其居，乐其俗”的理想国图画。但是，把“绝圣弃智”“无为而治”作为到达理想国的途径却是消极的。至于老子反对智巧，倡导“寡欲”，鄙薄礼义，攻击仁慈，主张回到“小国寡民”的原始社会去，等等，应该看成是他对当时社会自私、欺诈、言行背离等丑恶现象的愤慨和呐喊。

道　经

一　章

道指宇宙万物形成、发展及其变化的道理，可道表述，非常永恒不变的道；名概念，特指“道”这一概念（名），可名表述，非常名。无名，天地之始原始状态；有名，万物之母原本。常无指万物混沌而无形象的状态，欲以观观照其指道妙微妙。句意谓常从“无”中，观照“道”的微妙；常有指万物生息而形象各具的状态，欲以观其徼jiǎo边际。此指万物有形和无形两者同出同出，同源而异名，同谓之玄深黑色，此指深远神秘变幻莫测，玄之又玄，众妙深微神妙之门。

“道”是老子思想的核心概念，第一章是老子关于“道”的总论点，也是全书的总论。“道”无法用言语来说明，老子这里用同样抽象的概念“有”“无”来描述“道”，开篇老子就把玄妙邈远的哲思呈现在我们眼前。

“道”是独立不改、永恒存在的，而现象世界中一切都是相反相成、变化不定的，这里蕴含着朴素的辩证法。

二　章

天下皆知美之为美美之为美，怎么样是美，斯恶è丑恶已通“矣”。句谓这就有了丑；皆知善之为善，斯不善已句谓这就有了不善。故有无相生相生，相互对比而产生，难易相成形成，长短相形显现，高下相倾依，倚，音声相和谐和，前后相随跟从。是以是以，因此圣人圣人，人格品德最高的人处处治无为无为，任其自然，无所作为之事，行推行不言不言，不用言语，不用政令之教教诲，万物作生长变化而不为辞管理、干涉，生而不有据为己有，为wéi做，指推动万物的繁育而不恃自恃尽了己力，功成而不居自居。夫唯只因不居，是以不去失去（功劳）。

老子强调对立双方的转化，所以守无、处下、居后，功成不居，更不要说去“争功”了。这个说法比“不争”更深入。

三 章

不上同“尚”，推重贤有才干的人，使民不争争竞；不贵看重难得之货，使民不盗；不见使看到可欲可欲，可以引起欲望的事物，使心不乱。是以圣人之治治理天下，虚空乏其指百姓心思想，实填饱其腹，弱削弱其志志气，强强壮其骨筋骨，常使民无知同“智”无欲，使知智者不敢为有所作为。为处事无为句谓按照无为的原则处事，则无不治。

常有人拿本章来说明老子的“无为”是开历史倒车，是要退回到原始社会。老子“无为”思想的提出是因为统治者的肆意妄为，老子反对的是现实社会统治阶级的物欲横流、道德沦丧。

四 章

道冲空虚，而用之久不盈满溢。渊深乎！似万物之宗宗主。挫挫削其指道的属性锐锋芒，解排解其忿愤怒，和温和内敛其光光芒，同混同，同乎其尘尘俗。〔“挫其锐”至此四句，或为五十六章错简重出〕湛 chén 深隐兮，似似亡或又存。吾不知谁子似。谁似，即似谁，像什么，象似帝上帝之先句谓只知道它出现在上帝之先。

本章是对老子之“道”的进一步述说。“道”无影无形，言语难尽，却是万物之宗，用之不竭。请注意“兮”字的表达效果，字里行间，透露出老子对“道”的赞叹。

五　章

天地不仁不仁，无所谓仁爱，以万物为刍 chú 狗刍狗，古代祭祀时用草扎成的狗，祭祀完了即抛弃之。谓听任万物自生自灭；圣人不仁，以百姓为刍狗。天地之间，其犹如橐 tuó 籥 yuè 橐籥，古代的风箱：虚而不屈竭，动拉动而俞同“愈”出谓愈是拉动，它的风量就愈大。多言议论数 shuò 屡次，引申为必定穷困厄，不通达，不如守保持中内心。守中，保持内心的虚无清静。

天地有自己的运行规律，公平对待万物，圣人（老子理想中的统治者）也按照规律治国，顺应规律，不任意胡为。比较“仁”在儒、道两家的区别会是很有趣的一件事情。“仁”是儒家追求的最高理想，而道家恰恰追求“不仁”。

六　章

谷山谷，比喻虚空广大神变幻莫测。谷神，指虚空广大、变幻莫测的道不死谓永恒存在，是此谓玄幽深牝 pìn 动物的母性生殖器官。玄牝之门，是谓天地根根本。绵绵绵绵，微细不断貌若存，用之不勤穷尽。

这是对“道”的又一具体描述：用“谷”来象征“道”的“虚空”状态，用“玄牝”来说明“道”生养万物，“道”自身生生不息。

中国人长于类比思维，老子也不例外，以天地的运行规律来解释圣人的行为。天地运行，“不自生”与“长久”看似矛盾，实际上老子认为存在因果关系。同样，“身先”与“后其身”、“身存”与“外其身”、“无私”与“成其私”看似矛盾，其实也是紧密成因果，这就是矛盾对立转化的体现。

本章讲修身，以水比喻明“道”之人。“处众人之所恶”如何理解？有说是大度包容，有说是像水居于洼地一样人要处于低卑之处，你的看法是什么？孔子说“知者乐水，仁者乐山”，孔子所说的知者与老子提倡的上善若水有何异同？

七 章

天长地久。天地所以能长久者，以因为其不自生不自生，生存不是为了自己，故能长久。是以圣人后把……放在后面其身而身自身，自己先占先，外把……置之度外其身而身存保全。以其无私自私之意，故能成成全其私自身。

八 章

上善上善，最高境界的善若水。水善善于利帮助万物，又不争与万物相争，处居处，停留众人之所恶wù厌恶（的地方），故几jī接近于道。居居处善善于地低下。句谓居处（要善于像水那样）安于卑下，心善渊深。句谓存心要（像水那样）博大深沉，与结交善人通“仁”。句谓交友要善于（像水那样）仁慈相亲，言善信句谓言谈要（像水那样）真诚可信，政行政善治句谓为政要（像水那样）有条不紊，事善能句谓办事要（像水那样）无所不能，动善时句谓行动要（像水那样）善于把握时机，夫唯因不争不争，与物无争，故无尤过失。

九　章

持执着，坚持而盈使……满之，不若如其以通“已”，停止。揣zhuī捶击而锐使……尖利之，不可长久保保持。金玉满堂，莫之能守莫之能守，即莫能守之，富贵而且骄骄横，自遗其咎灾祸。功功业遂成就身退离去，天之道。

十　章

载发语词，无实义营灵魂，精神魄体魄，形体抱一抱一，相合为一，能无离离失乎？专气致柔句谓专精守气，致力柔顺，能婴儿乎意谓能如婴儿那样无欲无念吗？涤洗除清除。涤除，谓清除心中尘垢玄幽深，深入览观察。玄览，深察，能无疵瑕疵乎？爱民治国，能无为无为，顺从自然而无所作为乎？天门天门，指心开阖合。开阖，指运动变化，能为雌为雌，退居柔雌而无争乎？明白明白，清楚四达通达。四达，凡事通晓畅达，能无知同“智”，私智乎？生生长之指万物畜养育、繁殖之，生而不有据为己有，为养育而不恃自恃尽了己力，长作万物之长而不宰宰制，是此谓玄深德。

这一章可以和上一章连起来阅读，上一章讲不争而无尤，这一章讲争而不退、私欲满盈就会祸患无穷。老子最后说要功成身退：功成在先，身退在后；身退并不是讲归隐，而是讲不争，讲内敛，不要自我膨胀。

老子的修身，首先强调灵魂的重要性，守护灵魂，达到像婴儿般宁静、纯朴的状态。有趣的是，老子在这里也讲到爱国治民。将修身和治国联系在一起，儒家是这样，道家也是这样。

其实中国人很喜欢这样的讨论方式，从日常的生活、寻常的经验中抽离出规律性的认知。本章老子凭借日常的事物说明“有”和“无”相互依存，相互作用。老子提醒我们：起作用的往往就是容易被忽略的“无”。

十一章

三十辐fú车轮中连接车毂和轮圈的条子共同“拱”，拱卫一毂gǔ车轮的中心部分，有圆孔，用以插车轴，当值，遇到其无空虚处，此指毂中空洞，有车之用作用。句谓才有车的作用。埏shān抟击埴zhí黏土以为器器皿，当其无器皿中的空虚，有器之用。凿开凿户门牖yǒu窗以为室房屋，当其无中空，有室之用。故“有”之以为利便利，“无”之以为用句谓靠“无”从中起着作用。

细读这段文字，可以感受到老子激烈的态度，老子甚至提出了“为腹不为目”的极端主张，把娱乐几乎都要抛弃了。几千年前的老子就如此坚决反对物欲横流、穷奢极欲的生活。

十二章

五色五色，青、赤、黄、白、黑，此指缤纷的色彩令人目盲昏暗，眩乱；五音五音，宫、商、角、徵（zhǐ）、羽，此指优美的音乐令人耳聋；五味五味，酸、甜、苦、辣、咸，此指鲜美的食品令人口口味爽伤败；驰骋田打猎猎，令人心发狂；难得之货物品，令人行操行妨（受）损害。是以圣人为腹为腹，填饱肚子不为目为目，贪图好看。故去抛弃彼指“为目”的种种做法取此指“为腹”。

十三章

宠辱宠辱，得宠和受辱若到，至于惊心神不安，贵看重大患祸患，此指宠辱若如身生命、躯体。何谓宠辱若惊？宠得宠幸为下卑下，得之指宠幸若到，至于惊心神不安，失之若惊，是谓宠辱若惊。何谓贵大患若身？吾所以有大患，为我有身身体、生命，及等到我无身，吾有何患！故贵看重以身为献给天下，若通“乃”可托托付天下托天下，以天下相托；爱甘愿以身为献给天下，若乃可寄托付天下。

在我们的习惯认知里，老子似乎有轻身、弃身、忘身的倾向，就好似“身体就是一具臭皮囊”。看到这里我们就明白了，老子也提倡“贵身”，要重视自身。人们对于宠辱总是很敏感的，老子在这里强调“宠”和“辱”对于人的挫伤是一样的，因为感觉到“宠”或“辱”都“忘身”了，换种说法就是有损于人的独立性。

十四章

视之不见，名曰夷当为“几”之讹；几，幽暗、微细。下文“希”“微”与此义近；听之不闻，名曰希；抟同“团”，用手搓揉、抚摸之不得，名曰微。此三者，不可致尽，极诘探究，故混而为一。其上不皦jiǎo明亮，其下不昧mèi昏暗，绳mǐn绳绳绳，渺茫不可名名状，形容，复归于无物无物，无形无象的状态。是谓无状之状，无象形体之象，是谓惚恍惚恍，即恍惚，模糊不清。迎之不见其首头，随跟从之不见其后背。执执持古之道，以御验证、支配今之

本章描述混沌的“道”。

有指具体事物，以知古始古始，原始混沌的初始，是谓道纪通“基”，基础。

十五章

古之善为道为道，体悟道者，微妙玄深远通通达，深不可识理解。夫唯因不可识，故强勉强为之容描述：豫犹豫，此引申为谨慎兮，若冬涉川河；犹犹豫，义同“豫”兮，若畏四邻四邻，四境邻国（的进犯）；俨恭敬严肃兮，其若客作客；涣流动疏散兮，若冰之将释融化；敦敦厚纯朴兮，其若朴未经雕凿之材；旷空旷辽阔兮，其若谷（幽深的）山谷；混同“浑”，浑然一体，引申为包容一切兮，其若浊混浊。孰能浊以止浊以止，即以止浊，使混浊停止，静使…静之徐缓慢清澄清？孰能安安静以而久久长，动使…变动之徐生生出（不安）？保此道者不欲盈圆满。夫唯因不盈不盈，不企求圆满，故能蔽蔽塞守旧不当作“而”新成新成，（取得）新的成功。

这是老子用诗一般的语言对行道之人的形象描述。我们可以提取关键词：小心、谨慎、恭敬、敦厚、浑然、谦虚。这与后世庄子笔下的道家人物有区别吗？孔子弟子说孔子的形象是“温而厉、威而不猛、恭而安”，这与道家人物的形象有相同点吗？

十六章

致达到虚极虚极，极度的空虚，守持守静笃专心。万物并作生长，吾以凭借观其复循环往复。夫物云云云云，纷纭变动貌，各归其根原始状态。归根曰静，是曰复命复命，

老子所说的修身之道，讲求“虚”和“静”。这两个概念各家学说都在使用，历代强调的“虚心”“宁静致远”也源于此。最后一句点明包容、公正这些美德来源于通达的智慧。

生命的复归，复命曰常常规，知常曰明明智。不知常，忘通“妄”作忘作，轻举妄动凶凶险。知常容包容（一切），容能公坦然为公，公能王wàng拥有天下，王能天（符合）自然，天能道（合乎）道，道能久，殁mò死身殁身，终身不殆危险。

十七章

太上太上，最高境界的统治者，不知有存在之；其次，亲亲近之誉赞美之；其次，畏畏惧之；其次，侮轻蔑之。信诚信不足充足，有不信不信，不信任的事情焉于之，于此！犹犹豫，反复思虑，徘徊不前兮，其贵言贵言，惜言如金，很少发号施令，功成事遂成，百姓皆谓“我自然我自然，我们原本就是这样的”。

十八章

大道废废弃，有仁义。智慧智慧，指智巧出出现，有大伪虚伪。六亲六亲，说法不一，一般指父、母、兄、弟、妻、子。此泛指人伦关系不和和睦，有孝孝顺慈仁爱。国家国家，指帝王昏乱，有忠臣。

老子阐述了四类统治者。为什么老子认为最好的统治者，在百姓那里存在感不强？联系当时的社会政治环境，不难找到答案。老子的治国理念中也强调信任，这和儒家的“民无信不立”不谋而合。

老子针砭时弊，揭露当时社会的混乱和病态。留在丹青上的那些忠义名臣，从屈原到林则徐，大多显扬于乱世。为何大道废反而有仁义呢？有学者解释为，大道顺应自然，而仁义，包括智慧、孝慈、忠臣都是因为淳朴的自然被破坏之后才产生的；也有学者解释为，大道兴盛的时候，仁义行于其中，自然就显示不出来。

这一章可以和上一章对照看。如果把上一章看成是老子对社会弊病的陈述，那么这一章是老子给弊病开出的药方。智慧导致大伪，所以老子主张抛弃智慧。

“唯与阿”“善与恶”，在世俗的价值判断上，看起来很好区别。但是如果把它放到历史长河中，谁对谁错，功过是非，也许就是一笔糊涂账。现在流行一句话：你的蜜糖也许是他人的毒药。基于此，修道之人是怎样一副形象，宁静淡泊，甚至浑浊糊涂。后世隐者的形象，宗教道士的形象，莫不出于此。

十九章

绝灭绝圣圣明弃抛弃智智巧，民利好处百倍；绝仁仁爱弃义道义，民复回复孝慈；绝巧机巧弃利利益，盗贼无有。此三者三者，指圣智、仁义、巧利，以为文文饰不足句意谓以此三者作为文饰，不足以治理天下，故令使（人）有所属从，归属：见xiàn显露素单纯、自然抱持，守朴本真，本性，少私私心寡欲。

二十章

绝学学问无忧忧患。〔此句与下文意不相连属，或以为上章之结句〕唯应诺之与阿斥责，相去几何？善之与恶，相去何若何若，几何、多少？人之所畏，不可不畏，荒指远古时代兮，其未央尽。未央，没有完结哉！众人熙xī熙熙熙，快乐貌，若享太牢太牢，古代帝王祭祀社稷时具有牛、羊、猪三牲的丰盛筵席，若春登台。我独泊淡泊无欲兮，其未兆预兆，迹象，如婴儿之未孩婴儿笑，儽léi通“累”儽儽儽，疲倦貌兮，若无所归！众人皆有余富余，我独若遗遗失。我愚人之心也哉，沌沌沌沌，蒙昧无知貌兮！俗人昭昭昭昭，明辨事理，我独昏昏昏昏，昏昧不清。俗人察察察察，苛察细小之事，我独闷闷闷闷，愚昧貌。澹dàn辽阔貌兮其若海；飂liáo飘动貌兮若无止静止，停息。众人皆有已通“以”，用，而我独顽愚蠢似鄙鄙陋。我独异于人指世俗之人，而贵食母食母，谓婴儿无所杂食，食于母乳而已；此喻指得益于合乎自然的大道。

二十一章

孔大德之容内容，唯道是从跟从，与……一致。唯道是从，即唯从道。是，助词，表宾语前置。道之为物，唯恍huǎng恍惚，不清楚唯惚hū恍惚。惚兮恍兮，其中有象形象；恍兮惚兮，其中有物实物；窈深远兮冥昏暗不清兮，其中有精精气，其精甚真具有真情，其中有信诚实。自古及今，其指道名不去废弃，以凭借阅认识众万物甫初始。吾何以何以，以何，凭什么知众甫之然如此哉？以此指上述对道的体悟。

首次提到了“德”，讲述了“道”和“德”的转换关系，除此之外，老子用“象”“物”“精”等概念来描述“道”。于是，后世学者又将注意力聚焦在这三个概念的解读上。本章节很像一首诗歌，读来朗朗上口，可以想见老子对“道德”的向往。

二十二章

曲委曲则全保全，枉屈则直伸展，洼低下则盈充盈，敝破旧则新，少所知少则得有收获，多所知多则惑迷惑。是以圣人抱指运用一指浑然一体的道为天下式通“栻”，古代占卜用具。句谓圣人运用道作为认识天下的工具。不自见自见，单靠自己

以日常现象喻抽象道理，以物理喻事理。老子以丰富的生活经验透出的智慧，来体察生活中的物象活动。事物的正反两面都要体察：看到正面，要体察到负面的意义；看到负面，更要从中把握正面的内涵。正面和负面，构成完整的事物。

的眼睛去观察，故明看得分明；不自是自是，自以为正确，故彰清楚；不自伐自伐，自我夸耀，故有功功劳；不自矜高傲。自矜，自高自大，故长zhǎng首长，谓充任首长。夫唯不争争竞，故天下莫能与之他争。古之所谓“曲则全”者，岂怎么（是）虚空言哉？诚确实全指保全真情而归返归之指人的本性。

二十三章

天地的狂暴都不能持久，何况是人世间呢？要追求道德，不能做丧失道德的事情；诚信不足，他人就会不相信你了。这段话，老子其实是在讲统治者应该少一点暴政，追求道德，树立诚信。回顾一下十七章的内容，同样讲到治国，同样提及诚信。

希少言自然自然，谓合于自然之道。飘风飘风，旋风不终朝早晨。终朝，整个早晨，骤雨不终日。孰谁者此为此为，使（它）这样？天地天地，指自然。天地天地，指天地的势力，指风雨尚不能久，而况于人乎？故从事从事，指寻求于道者，同同一，保持一致于道；德寻求德者，同于德；失寻求失（道、德）者，同于失。同于道者，道亦乐乐于得亲悦，投合之；同于德者，德亦乐得之；同于失者，失亦乐得之。信诚信不足够，有不信不信，指不信任之事焉！

二十四章

企踮起脚跟者不立不立，站不牢，跨两步并作一步走者不行不行，走不快，自见自见，单靠自己眼睛看者不明不明，看不分明，自是自是，自以为是者不彰明，自伐者无功，自矜者不长zhǎng（充任）首长。其指上述种种情况在对于道也，曰馀食馀食，剩饭赘zhuì行赘行，指赘瘤，物或恶wù厌恶之，故有道者不处自居于此。

老子看来，企者、跨者、自见者、自是者、自伐者的急躁冒进，违反自然，不可持久。本章与二十二章构成正反立论。

二十五章

有物混成混成，浑然一体，先天地生存在。寂无声兮寥无形兮！独立而不改改变，周行周行，循环往复而不殆疲困，可以为天地母根本。吾不知其名，字取表字之曰道，强勉强为之名曰大。大曰逝，逝曰远，远曰反同“返”，复归。故道大，天大，地大，人亦大。域指宇宙中有四大，而人居其一焉。人法效法地，地法天，天法道，道法自然。

道，混沌一片，不存在于我们的经验世界，它只是一个假定的概念。人类的聪慧之处就在于可从假定的概念中演绎出一整套支配人类社会的思想体系、观念认知。“天赋人权”也是一个假定的概念，无法证明，但它却成了近代文明的滥觞，资本主义勃兴的根基。人是生活在观念中的。

二十六章

重为轻根基础，静为躁动君主宰。是以君子终日终日，整日行，不离辎zī重辎重，行军时用车装载的粮食、装备等，虽有荣观荣观，贵族游玩享乐的场所，此指丰厚的物质生活，燕通“宴”处燕处，即宴居，闲居超然超然，离世脱俗貌。奈何万乘shèng四匹马拉的车一辆为一乘之主万乘之主，指拥有成千上万

君子是儒者修身的理想，道家的君子和儒家的君子肯定会有所不同，但相同的是两者都用“君子”这个词来阐述修身。

修身治国，道家走的也是这条路子。在老子这里，“隐”的概念似乎还没有那么强烈。

辆战车的大国君主而以身轻天下轻天下，比（统治）天下轻？轻轻率从事则失根根本，躁焦躁妄动则失君指（心灵的）主宰。

二十七章

善行行走，无辙迹辙迹，车轮碾过留下的痕迹；善言言谈，无瑕谪zhé瑕谪，玉上的斑点，喻指缺点；善计计算，不用筹策筹策，古代计算所用的筹码；善闭关闭，无关键关键，关锁门户的器具而不可开；善结捆缚，无绳约绳约，绳索而不可解。是以圣人常善救人，故无弃人弃人，被遗弃之人，废人；常善救物，故无弃物弃物，被遗弃之物，废物，是谓袭掩藏而不外露明圣明。故善人，不善人之师；不善人，善人之资借鉴。不贵尊重其师，不爱珍惜其资，虽智大迷糊涂。是此谓要妙要妙，即幽妙，深远微妙（的道理）。

《老子》一书中，“圣人”通常指老子理想中的统治者。本章的“善行”“善言”等词语，均是说明理想的统治者治理国家是顺应自然规律，因势利导，所以看上去不留痕迹。老子也注重人尽其才，也注重物尽其用，这再次给“无为而治”作了具体的注解。

二十八章

知其雄强，刚劲，守其雌弱，柔静，为天下溪溪涧。为天下溪，常永恒德不离离失，复归于婴儿婴儿，谓婴儿般的单纯和无知。知其白光明，守其黑黑暗，为天下式即栻，古代占卜用具。为天下式，常德不忒tè差错，复归于

“雄”表示刚强进取，“雌”代表阴柔谦退。“守雌”“守黑”“守辱”，这一直被认为是老子柔忍退让、卑弱谦下的态度的典型体现。知雄守雌，在对“雄”的一面有了解的基础上，处于“雌”的一方，这不单单是阴柔的表现，更包含着对事物的洞悉和掌握。

无极无极，指最后的真理。知其荣荣耀，守其辱指卑辱的地位，为天下谷水流汇聚的地方。为天下谷，常德乃足充足，复归于朴真朴，未被雕凿的原始状态。朴指真朴之“道”散离散为器器物，万物，圣人用之指朴，则为官长zhǎng官长，引申为领导管理。是以大制主宰，管理不割分割，划分。句谓完善的管理不进行人为的划分，而是顺其自然。

二十九章

将欲取治理天下而为有作为，强力而为之，吾见其不得达到，实现已同“矣”。天下神器句谓天下如同神器（帝位），不可为求取，强力而为也。为者败之，执掌握者失之。

故物众人或行前行或随随后，或歔鼻口出气或吹，或强或羸léi瘦弱，或挫受挫或隳huī毁坏。是以圣人去抛弃甚极端，去奢奢侈，去泰即“太”，过分。

三十章

以用道佐辅佐人主人主，国君者，不以兵指武力强逞强天下，其事指代若用武力逞强于天下好容易还报应：师军队之所处居，指驻扎，荆棘生焉于此，大军大军，战争之后，必有凶荒年。善治理有果成功而已，不敢以指以武力取

取天下是最大的“有为”，何以“不得”？因为世间万物性状不同、人性各别。统治者要允许差异性、特殊性，顺应自然性状，因势利导。老子否定的“有为”，是指“妄为”；老子倡导的“无为”，更多是要去除过分。

老子警惕战争，不到万不得已，坚决反对使用武力。胜者和败者都要付出惨重的代价，慎战的思想深深地烙印在中国的传统文化里。中国兵家对武力也持谨慎态度，《孙子兵法》的第一句话就是“兵者，国之大事，死生之地，存亡之道，不可不察也”。

强。果而勿矜自高自大，果而勿伐自我夸耀，果而勿骄，果而不得已，果而勿强逞强。物壮则老衰老，谓之不道不道，不合于道。不道早已停止，消逝。早已，早死。

三十一章

本章承接上一章而来，同样阐述老子的军事战争观。

夫唯发语词兵兵器者，不祥吉利之器器物，物众人或恶wù厌恶之，故有道者不处接近。君子居居处，指平时则贵看重左贵左，以左为贵，用兵则贵右。兵者不祥之器，非君子之器，不得已而用之，恬tián淡恬淡，淡泊，安静闲适为上。胜而不美指自以为很了不起，而如果美之者美之者，胜利了就自以为很了不起的人，是这乐以……为乐杀人。夫乐杀人者，则不可以得志于天下矣。吉事尚左尚左，以左边为上，凶凶丧事尚右。偏将军居左，上将军居右，言谓以丧礼处之意谓打仗时要依照凶丧的礼仪来处理。杀人之众多，以悲哀莅lì到场之，战胜以丧礼处之。

三十二章

道常永远无名。朴自然、质朴、未经雕凿的东西，此指道虽小，天下莫能臣役使，支配。王侯若能守持守之，万物万物，众人将自宾服从。天指阳气地指阴气相合，以降甘露，人莫之令命令。莫之令，即莫令之（均）而自均指均匀分布。始开始（有）制主宰，管理有名名称。名亦既有，夫亦将知止适可而止。知止所以不殆危险。譬道之在对于天下句谓道为天下所归，犹川谷之于江海句谓就像江海为一切小河流所归一样。

老子用“朴”来描述“道”的状态。老子讲述统治者如果用“道”来治理国家的效果，这里我们更加明确，老子讲“道”，不仅仅关乎自身的修养，还关乎国家的治理。老子的“道”与“隐”还不是一回事。

三十三章

知了解人者智，自知自知，了解自己者明。胜人者力有力，自胜自胜，战胜自己（的弱点）者强刚强。知足者富，强行强行，坚持力行者有志志气，不失其所根据，本分者久，死而不亡不亡，指不被人遗忘者寿长寿。

“自知”“自胜”“知足”“强行”，对外知人、胜人，对内审视自己、战胜自己、克制自己、坚定自己，老子在讲述自我修养。这些观念一直流传至今。

三十四章

大道大道，自然法则泛水向四外漫流兮，其可左右左右，借指四面八方，喻无所不到。万物恃依靠之以生而不辞分离，功成而不有占，居。衣衣被，犹覆盖，引申为爱护养养育万物而不为主主宰，常永远无欲，可名称于以小；万物归归附焉之而不为主主宰，可名为大。是以圣人终不为大不为大，不自以为伟大，故能成成就其大。

老子歌颂“道”的作用。“道”没有支配欲和占有欲，故能成就其伟大。由“道”可推及人。

音乐与美食，五音和五味，可引申为仁义礼法。“道”无形，却能使百姓安居乐业。老子在论“道”，老子在论“治国”。

三十五章

执掌握大象大象，无象之象，即道，天下往向往，归心。往而不害不害，不互相妨碍，安平太通“泰”，平安。乐音乐与饵食物，过客止停留。道出言出言，说出来，淡无味。视不足见不足见，看不见，听不足闻不足闻，听不到，用不足既尽。不足既，用不完。

有人认为老子的学说讲权术阴谋，并经常拿这一段作为佐证，其实老子在这里阐述的是朴素的辩证思想，认为矛盾双方是可以互相转化的。然而为何后人会有阴谋论的解释？老子语言的表达方式是原因之一。

三十六章

将欲翕xī收敛之，必固通“姑”，姑且张扩张之；将欲弱削弱之，必固姑且强加强之；将欲废废弃之，必固兴兴起之；将欲夺削夺，夺取之，必固与给予之，是此谓微幽深精妙明著明。微明，知幽眇之理而收显著之效。柔胜刚，弱胜强。鱼不可脱离于渊，国之利器利器，锐利的武器，喻指国家权力，不可示给……看人。

三十七章

道常无为无为，无所作为而无不为无不为，无所不为。侯诸侯王君主若能守持守（道），万物将自化归化。化而欲作变化，吾将镇镇服之以用无名之朴即道，又叫无名。

无名之朴，亦将不欲不欲，弃绝欲念。不欲以得到静，天下将自定稳定。

老子以“道”的特征来类比治国之理，一再强调统治者的态度应该是“无为”，顺应自然，不强加干涉，让老百姓自我发展。老子一直向统治者讲治国之道——“无为”。

德　经

三十八章

本章开始，《老子》进入讲"德"的部分。"仁""义""礼"，被儒家奉为圭臬，为何被老子贬弃？老子实感于规范越来越把人的思想、行为固定在外在形式中，而内在的自发的精神越来越少。"仁""义""礼"带来的繁文缛节是一大弊端，春秋时的晏子不也是以此贬低儒家吗？不过孔子讲"仁"，也强调要发自内心。

上德上德，最高境界的德不德不德，不在于表现为形式上的德，是以是以，因此有德。下德下德，世俗的所谓德不失离失德不失德，死守着形式上的德，是以无德。上德无为无为，无所表现而无以为无以为，不故意表现它的德，下德为之为之，有所表现而有以为有以为，故意表现它的德。上仁上仁，最高境界的仁为之而无以为。上义上义，最高境界的义为之而有以为。上礼上礼，最高境界的礼为之而莫之应莫之应，即莫应之，没有人回应他，则攘ráng揎，捋臂攘臂，捋衣出臂，表示振奋而扔强力牵拽之句谓视若仇敌。故失道而后德谓有德，失德而后仁，失仁而后义，失义而后礼。夫礼者，忠信之薄不足而乱之首祸首。前识前识，先见之明者，道之华虚华而愚之始。是以大丈夫处立身其厚淳厚，不居处其薄浇薄；处存心其实朴实，不居其华虚华。故去彼指后者取此指前者。

三十九章

昔之得一“一”是老子哲学中的重要概念，主要是指宇宙间的万事万物，其形成、发展和变化上有着共同的特点，即万事万物浑然一体、不可分割；“一”可以说是“道”的又一名称者，天得一以而清清明，地得一以宁安宁，神得一以灵灵验，谷河谷得一以盈充盈，万物得一以生滋生，侯王得一以为成为天下正首领。其致之，一也。天无以通“已”。无已，无止境，不停清清明，将就恐恐怕裂裂变；地无以已宁安宁，将恐发震动；神无以灵，将恐歇止息，灭绝；谷无以盈，将恐竭枯竭；万物无以生生长，将恐灭枯萎、灭亡；侯王无以贵看重高高位，将恐蹶jué颠仆，引申为失败。故贵以贱为本，高以下为基基础。是以侯王自谓称孤、寡、不穀gǔ善。不穀，侯王自称的谦词，此非以贱为本耶？非乎？故致通“至”，极，过分舆通“誉”，称誉无舆。不欲琭lù琭琭琭，珍贵貌如玉，落落落落，坚硬、质朴貌如石。

老子描述天地万物，最终还是要落实到王侯。这里，老子用文学性的语言阐明了得道的重要性，最终还是强调王侯一定要具备谦卑的品质。

四十章

反向相反的方向变化者道之动运动，弱柔弱者道之用作用。天下万物生于有有形的事物，有生于无无形的道。

老子的辩证观念来自对“道”的特点的认识。宇宙万物有无的转换是“道”的基本特征。

老子强调“道”所呈现的特征与本质似乎是相异的，普通人难以体会。道是幽隐未现的，一般人难以察觉。也因为如此，后世对老子的“道”有多种解释，“道”也分为多种流派。

四十一章

上士上士，道德高尚的人闻领会道，勤勤快而行实行之；中士中士，中等德行的人闻道，若存若亡谓将信将疑；下士下士，下等德行的人闻道，大指空洞而不切实际笑讥笑之。不笑（被）嘲笑不足以为道。故建言建言，指古代谚语有之：明道明道，明显的道若昧昏昧幽暗，进道进道，前进的道若退，夷道夷道，平坦的道若纇lèi丝上的节，引申为不平、崎岖，上德上德，崇高的德若谷河谷，大白大白，最白的若辱污浊，混浊，广德广德，大德若不足，建通“健”德建德，刚健之德若偷怠惰，质质朴真纯真若渝改变，不能坚持，大方大方，最方正的无隅角落，棱角，大器大器，最贵重的器具晚成晚成，成就较晚，大音大音，最洪大的声音希声希声，极细微的声音，大象大象，最大的形象无形形迹。道隐幽隐无名，夫唯只有道，善贷帮助且成指终结。句谓善于使万物开始，并且使它最终完成。

本章前半部分是老子的宇宙生成论，“人之所恶”之后部分可能是对四十章“弱者道之用”的具体阐释。《老子》有不少地方前后文不相连，学者称之为“错简”。

四十二章

道生一统一的事物，一生二对立的两个方面，二生三第三者，三生万物。万物负包涵阴而抱包容阳，冲冲虚气冲气，冲虚而无形的气以为和和谐、统一。人之所恶wù厌恶唯正是孤、寡、不穀，而王公以为称以为称，以这些字眼来称呼自己。故物或有时损贬低之而反而益抬高，或益之而损。人之所教教导，我亦教之：强梁强梁，指强暴，强横者不得其死不得其死，不得好死，吾将以以之为教父教父，犹师傅。

四十三章

天下之至最柔至柔，最柔弱的东西，驰骋驰骋，穿行天下之至坚。无有无有，指看不见的东西入穿透无间间隙。无间，指没有空隙的东西。是以知无为之有益补益。不言不言，不用言语，不用政令之教教化，无为之益补益，天下希同“稀”，少及赶上之。

四十四章

名声名与身生命孰谁，哪一个亲亲切？身与货财产孰多指重要？得与亡失孰病有害？是故甚过分爱爱惜，引申为吝惜必大费，多藏必厚亡厚亡，严重的损失。知足不辱不辱，不会遭到困辱，知止适可而止不殆不殆，不会遇到危险，可以长久。

老子强调“柔弱”的作用，“无为”的效果。不言之教，孔子也说“予欲无言”。儒道两家在很多地方还是相通的，否则，它们就不会共同构成中国人的精神底色了。“不言之教，无为之益”，老子几千年前总结出的哲理，现代人依然很难理解，更不用说实践了。

老子讲修身，强调尊重生命，爱惜自身，学会知足，不可为名利轻身。这些都成了现代人所追求的理念，可是想要做到却很难。“甚爱必大费”，老子是要我们放弃所爱吗？老子还强调知足、知止，这是否又和儒家的中庸相通呢？

“大成”“大盈”“大直”等都用以说明人格形态。老子的思想里，事物具有相反相成的特点，表面上看是一种情况，实际是另一种情况。两者相互制衡，构成完整的事物，而最终，事物都要归结到清静无为，完美的生命要表现得内敛含藏。

孔子说“天下有道，则礼乐征伐自天子出”，老子说，天下有道，战马可以放回耕种，比较起来，也许老子的目光更加向下，更加具有平民视野。老子讲知足、寡欲的对象是统治阶级，统治者的不知足是天下无道、战乱频发的主要原因。

老子注重直觉、自省，认为要通过自我修养的功夫，观照内心。在他的思想中，清、静、虚的状态特别重要，强调去除外在的影响和干扰，以抵达内心。一般来讲，东方的思想体系均带有这种特点。

四十五章

大成成功。大成，指最完满的成功若缺欠缺，其用作用不弊败坏。大盈若冲冲虚，空虚，其用不穷穷竭。大直正直若屈枉屈，大巧灵巧若拙笨拙，大辩若讷nè不善言语。躁指疾走，跑跳胜克服，战胜寒，静胜热，清静为天下正首领。

四十六章

天下有道有道，指政治清明，天下得治，却退下走马走马，指奔驰作战的战马以用来粪指肥田；天下无道，戎马戎马，战马生于郊郊野，此指战场；母马在战场上产崽，说明怀胎的母马也被征用参战。罪莫大于可欲可欲，能够勾起欲望的东西，祸莫大于不知足，咎过失莫大于欲得获取。故知足之足，常永远足矣。

四十七章

不出户门，知天下。不窥kuī探望牖yǒu窗，见识天道天道，自然规律。其出弥mí越远，其知弥少。是以圣人不行出行而知，不见亲见而名通“明”，明了，不为而成成就（事业）。

四十八章

为学日益句谓从事于学问，（知识）一天比一天增加，为道日损减少。句谓从事于道，情欲文饰一天比一天减少，损之指情欲文饰又损，以至于无为。无为而无不为句谓貌似无所作为，其实没有哪件事不是它所为。取掌握天下常常常以凭无事无事，即无为。及当其有事，不足以取天下。

四十九章

圣人圣人，有道之人无常恒定心意念，以百姓百姓，庶民心为心。善者善者，（百姓以为）善良的吾善亲善之，不善者吾亦善之，得获取善良善。信诚信者吾信信任之，不信者吾亦信之，得信诚信。圣人在居于天下，怵chù怵怵怵，恐惧貌，此指小心谨慎；为天下浑混沌其心浑其心，使天下人的心归于混沌，百姓皆注专注其耳目，圣人皆孩之孩之，使他们像无知无欲的婴儿一样（纯朴）。

后世学者多认为老子说的“学”就是礼乐教化等外在知识经验，老子主张内心纯净，所学愈多，纷扰越多，“为道”就是减少这些智巧，达到内心清明，返璞归真。古代只有统治阶级才有资格接受教育，接受什么样的教育就会形成什么样的统治策略，教育和政治从来都不会分开。

理想的统治者，应当收起主观成见，收起私欲，不以主观意志判断是非好恶，以百姓之心体察百姓需求。统治者要有统治者的担当，无论是善者还是不善者，信者和不信者，都要使其向善，都要使其存信。当然，老子眼中理想的统治者带有浓烈的道家色彩，统治者要消除百姓的智巧之心，回归淳朴甚至有些原始的状态。

人人都认为长寿有秘方，摄生（养生）有秘诀，现代人依然相信这一套。老子用夸张的方法描述了善摄生者的神奇之处，猛兽奈何不了他，兵刃对付不了他，最后告诉我们：无他，只是不进入死地罢了。

五十章

出生入死句谓离开了生存必然走向死亡。生之徒通“途”，途径十有三十有三，占十分之三，死之徒十有三，人之生，动往往之往，陷入死地亦十有三。夫何故？以因为其生生生生，产生要求生存的愿望之厚深厚，引申为强烈。盖闻善善于摄保养，调摄生摄生，养生者，陆陆路行行走不遇兕sì犀牛一类的野兽虎，入军军阵不被遭到甲兵甲兵，指杀伤。兕无所处投投送，此指用其角，虎无所措放，落其爪，兵兵器无所容容纳其刃。夫何故？以因其无死地。

在老子看来，道德的可贵，在于不干涉万物的成长活动，各物自我发育，实现自我完成，外力不加限制和干涉。对于万物，老子强调自发性，即自觉意识；对于统治者，老子强调无为，顺应自然，二者相辅相成，不可偏废。

五十一章

道生之指代万物，德畜养育之，物形赋形之，势指自然之势成完成之。是以万物莫不尊尊崇道而贵重视德。道之尊，德之贵，夫莫之命命令。莫之命，即莫命之而常自然常自然，以自然为常。故道生之，德畜之，长zhǎng使（之）生长之育使（之）繁育之，成使（之）茂盛之熟使（之）成熟之，养养育之覆覆盖，保护之，生而不有据为己有，为而不恃自以为尽了力，长zhǎng首长而不宰宰制，是谓玄深远德。

五十二章

天下有始初始，以为天下母指根本。既知其母，以知其子指万物。既知其子，复守坚守其母，没身没身，终身不殆危险。塞其指知识兑洞穴，闭其门，终身不勤当作“瘽”，疾病。开其兑，济成就其事，终身不救。见小细微曰明，守居守柔弱曰强。用运用其光，复归复归，回归，返观其明，无遗留身自身殃灾殃，是为习熟习常常道。

这一章讲修身。老子告诉我们，人要追根溯源，把握原则；要克制欲望，要运用智慧返归内心，这样能永保太平。

五十三章

使假使我介然介然，确实相信，毫无怀疑貌有知识，行于大道路，唯施yí邪，邪道是助词，表宾语前置畏惧。大道甚十分夷平坦，而人好hào喜好径小路。朝宫殿甚除整齐清洁，田甚芜荒芜，仓甚虚空虚，服文采文采，饰有花纹，带佩利剑，厌同“餍”，满足饮食，财货有余，是谓盗竽古代合奏音乐中的主导乐器，寓领头的意思。盗竽，指强盗头子。非道也哉！

老子对时政提出强烈的批评，统治者搜刮民脂，过着奢侈的生活，使老百姓陷于饥饿的边缘。老子将王侯斥之为大盗，庄子将诸侯斥之为窃国者，道家对时事政治是看得分明的。

老子讲的修身和儒家讲的修身有很多的共同点。修身的目的不单单停留于修养自身，还要处理自身与家、乡、国、天下的事情，这就自然而然会牵涉到为政。儒家和道家认知外界的方法也有共通之处，由己观彼，推己及人。

老子经常用婴儿来比“道德”，在老子看来“婴儿”外表柔弱，内在精气充盈，而且婴儿无贪欲之心，非常符合“道”。“毒虫不螫，猛兽不据，攫鸟不搏”，这样的讲法有些夸张，但从中可以看出老子对婴儿状态的推崇。

五十四章

善建建树者不拔动摇，善抱抱持者不脱脱落，子孙祭祀不辍断绝。修之于身句谓用它（指“善建”“善抱”之理）来修养身性，其德乃真纯真；修之于家诸侯国内分封的采邑，其德乃余有余；修之于乡，其德乃长zhǎng首长，统领；修之于国谓用它来治理国家，其德乃丰强大；修之于天下，其德乃普普遍。故以身指自身，个人观观察身自身以外的个体，指一般人，以家观家，以乡观乡，以国观国，以天下观天下。吾何以知天下之然如此，指种种状况哉？以凭借此代指以上的方法。

五十五章

含蕴含德之厚深厚，比于赤子赤子，指刚刚出世的婴儿。毒虫不螫shì刺，猛兽不据扑，攫jué鸟攫鸟，鹰鹞之类的猛禽不搏抓。骨弱筋柔而握固握固，握持牢固。未知牝pìn雌性的鸟兽牡雄性的鸟兽之合交合而朘zuī男孩生殖器作勃起，精精力之至极，指充沛也。终日号啼号而不嗄shà声音嘶哑，和自然和谐之至极致也。知和和谐自然曰常，知常曰明，益增加，引申为贪求生生存曰祥古时用作吉祥，也用作妖祥，即不祥；此指灾殃，心欲望使役使，支配气精气曰强逞强。物壮则老衰老，谓之不道不道，不合乎道，不道早过早已止息，此指死亡。

五十六章

知懂，了解者不言，言者不知。塞其兑穴窍，闭其门，挫其锐锋芒，解其忿结根、纠纷，和和聚其光光芒，同混同其尘垢尘，是谓玄同玄同，指道。故不可得而亲近，不可得而疏疏远；不可得而利以为利，不可得而害加害；不可得而贵使尊贵，不可得而贱使它卑贱。故为被天下贵尊崇。

五十七章

以正指正规的方法治国，以奇指出奇的方法用兵，以无事无事，即无为，听凭自然，无所作为取掌握天下。吾何以何以，以何，凭什么知其然如此哉？以此：天下多忌讳忌讳，此指禁令，而民弥越加贫；民多利器利器，锐利的武器，国家滋更加昏昏乱；人多伎同“技”巧伎巧，智巧，奇物奇物，特异之物（事）滋起；法令滋彰明白，盗贼多有。故圣人云：“我无为，民自化顺化；我好hào静，民自正端直；我无事无事，指不加滋扰，民自富；我无欲，民自

“玄同”就是无所偏倚，泯灭亲疏、利害、贵贱的差别，就能被天下尊崇。尤其对于统治者来说，如果对于人、事有亲疏贵贱之分，就会带来一系列不良的后果，记得“楚王好细腰”的典故吗？玄同的思想在诸子百家中影响很大，庄子的物我同一，墨子的兼爱，均受其影响。

从这一章我们可以觉察到，老子生活的时代法令严苛，暴力横行。统治者肆意妄为，强制推行。老子的“不干涉主义”是在这样的情况下提出来的。老子的“不干涉主义”一方面要消弭统治者的暴戾，另一方面是相信老百姓的自发性。

朴淳朴。”

五十八章

其政闷闷闷闷，宽大，其民淳淳淳淳，淳朴忠厚。其政察察察察，严苛，其民缺缺缺缺，抱怨，不满意。祸兮，福之所倚依存；福兮，祸之所伏埋藏。孰知其极极限，最终的道理？其无正端正不倚（的东西）。正复回复，转化为奇通“畸”，偏斜，善复为妖妖孽。人之迷迷惑，其日固本来久。是以圣人方方正而不割割截，喻指生硬，不自然，廉棱边而不刿guì 划伤（人），直率直而不肆放肆，光光亮而不曜yào 光耀，过分明亮。

老子讲事物对立转化的道理，并将它运用到治国上。老子告诉我们，观察事物要从整体、全周期去了解，这样可以拓展视野，从眼前的现实中超拔出来，不至于为眼前现实所困，从而更加全面地了解事物。本章最后一句对于圣人的描写，对比一下《论语》中对君子形象的描述，是不是有许多相通的地方？如果老子能够讲一讲对立双方如何能够转化那就更加有助于后人的理解了。

五十九章

治人事侍奉天，莫若啬sè 吝啬。指爱惜精神，积蓄力量。夫唯因啬，是谓早先服得。“服”后疑脱“道”字。句谓只有爱惜民财、积蓄精神，才能先得天道。早服“服”后疑脱“道”字谓之重多、厚积德。重积德则无不克战胜。无不克则莫知其指无往而不胜的力量极极限。莫知其极，可以有国有国，管理国家。有国之母根本，可以长久。是谓深根、固柢根、长生、久视生存。久视，长久活下去之道道理。

老子说的“啬”，不是指财物上的，乃是专指精神上的爱惜自身、收敛精神、积蓄能量。“啬”被老子认为是人生三宝之一。

六十章

治大国若如烹小鲜鱼。句谓治理大国，要像煎小鱼那样（不要频繁搅动它）。以用道莅临临，统治天下，其那鬼不神灵验。非不唯，不仅其鬼不神，其神神祇不伤人。非其神不伤人，圣人亦不伤人。夫两指人与鬼神双方不相伤，故德交归归附焉于之。句意谓其德上下交盛而俱归于民。

老子善于运用日常生活现象做生动、精准的类比。“治大国若烹小鲜”已成为一句警句，深深地影响着中国的政治思想。这里强调“大”国，为何越是“大”国越不能多事？

六十一章

大国者下流下流，犹言地势较低的江河下游；处下游，则百川归附，天下之交会集，归附，天下之牝雌性，喻指柔弱。牝常以静胜牡雄性，以静为下为下，居下，谦退。故大国以下谦让小国，则取取信于小国。小国以下大国，则取大国。故或有时下以取句谓所以有时大国谦下以取得小国的信赖，或下而取句谓有时小国谦让而取得大国的信赖。大国不过欲兼畜养，此指统治人，小国不过欲入事人入事人，奉承大国。此两者各得其所欲，大者大者，指大国宜为下谦下。

处理国与国之间的关系，各国都要秉持谦卑的态度，这样才能各得其所，和平共处。处理国与国之间的关系，最重要的是大国要有谦卑的态度。小国只希望在大国的夹缝中求得一席之地，想想《烛之武退秦师》里的郑国，夹在秦、楚、晋三个大国之中，随时都有倾覆的危险。

六十二章

道者，万物之奥深藏之地，善人之宝法宝，不善人之所保归依，依靠。美言可以市博取，收买尊尊仰，美行可以加人加人，凌驾于他人之上。人之不善，何弃之有句谓哪有舍弃“道”的道理？故立天子，置设置三公三公，朝廷的大臣，虽即使有拱璧拱璧，圆镜形中有圆孔的玉，古代很贵重的礼品以先在……之前驷sì马驷马，四匹马驾的车，古代只有天子、大臣才能乘坐。句谓即使先是拱璧后是驷马（去奉献重礼），不如坐进进献此道。古之所以贵重视此道者何？不曰求以而，就得求以得，有求而有所得，有罪以免免除邪？故为被天下贵珍重。

老子强调守道的重要性，有求必得，有罪必免，天子三公，都不如守道重要。

六十三章

为无为句谓以无为当作为，事无事句谓以无事当作事，味无味句谓以无味当作味。大小多少句谓不管怎么样，报报答怨怨恨以用德，图设法对付难困难的事于从易句意谓处理困难之事要从容易处着手，为做，干大大事业于细细微。天下难事，必作始于易简易；天下大事，必作于细。是以圣人终不为大终不为大，始终不从大处着手，故能成成就其大大事业。夫轻轻易诺应诺必寡少信信用，多易把事情看得容易必多难。是以圣人犹尚且难之难之，以之为难，即把事情看得困难些，故终无难。

本章有很多文字成为后世做事、求学的至理名言。老子对大小、多少、难易关系的阐释，非常具有洞察力和创建性，似乎与清静、虚空的思想拉开了一段距离。“为无为，事无事，味无味”，老子提倡有作为，在具体的作为方式上，老子主张清静、不妄为。专家指出，“报怨以德”一句，似乎不在这一章，应当移至七十九章。

六十四章

其指事物安稳定易持维持，其未兆征兆。未兆，尚未出现苗头易谋图谋，其脆易破，其微细微易散散失。为处理之于未有未有，指事情尚未发生，治治理之于未乱混乱。合抱之木，生于毫末毫末，细毛的尖端，喻指微末之萌芽；九层之台供人眺望的建筑物，起于累lěi堆积土；千里之行，始于足下。为相对于“无为”而言，指强力从事者败之，执执著，孜孜以求者失丧失之。是以圣人无为，故无败；无执执著于（事物），故无失。民之从事从事，做事，常于几几乎，快要成而败之。慎慎重终结束时如始开始，则无败坏事。是以圣人欲不欲欲不欲，即以不欲为欲，把没有欲望作为自己的欲望，不贵看重难得之货；学不学学不学，即以不学为学，复修复，弥补众人之所过过失，以辅辅助万物之自然而不敢为勉强去做。

根据专家的研究，这一章由几段不相关涉的段落组成。这一章起码有如下几层含义：要注重祸患的根源，未雨绸缪；基础工作、底层工作的重要性；成败的原因；圣人无为。

六十五章

古之善为道为道，行道者，非以明聪明民明民，使民聪明，将以愚之愚之，使人民愚昧。民之难治，以因其多智智巧。故以智治国，国之贼伤害；不以智治国，国之福。知此两者亦稽式稽式，楷式，法则。常恒知稽式，

老子生在乱世，他是针对奸诈虚伪之风横行的社会现实，提出“愚之”，回归到质朴纯真的状态。这个“愚之”和我们理解的“愚民”政策，愚弄百姓是有区别的。这一点，东汉王弼《老子注》已经指出来：“明谓多见巧诈，蔽其朴也，愚谓无知守真，顺自然也。”

是谓玄德玄德，深远的德。玄德深矣，远矣，与随物反返，回归（朴真）矣，然后乃至大顺大顺，自然。

六十六章

江海所以能为成为百谷溪谷王者，以因其善下处于下游之指代百谷，故能为百谷王。是以圣人欲上民上民，居于人民之上，必以用言言辞下谦让之指代“民”；欲先民先民，站在人民前面，即领导人民，必以把身自身后之以身后之，把自身放于民众之后。是以圣人处居上而民不重重压。不重，不感到有什么重压，处前而民不害妨害。不害，不感到有什么妨害。是以天下乐推推举而不厌厌弃。以因其不争争竞，故天下莫没有人能与之争。

老子以江海处下成为百谷王（百川首领）为喻，说明统治者治国要谦卑的道理。统治者一旦权力在手，私欲野心极易膨胀，容易作威作福，压榨百姓。也有人将“不争”看成是权谋之术，将“不争”理解为争的手段，这其实误解了老子的原意，夹带了私货，将目的、性质（不争）看成了手段。

六十七章

天下皆谓我道大广大无边，似不肖 xiào 相似。不肖，不像（任何具体的东西）。夫唯因大，故不肖。若肖，久矣其细渺小！我有三宝，持持守而保保存之：一曰慈宽容，二曰俭啬俭，保守，三曰不敢为天下先前面。为天下先，居于天下人的前面。慈，故能勇勇猛；俭，故能广宽广；不敢为天下先，故能成成为器指万物长 zhǎng 首长。

老子的三宝说充分体现了东方哲学内敛、深藏、含蓄的特点。老子的三宝主要讲的是修身。当时社会的残酷，人们朝不保夕，随时都会大祸临头，随时会有生命之虞，有学者说老子的三宝含有浓重的“避祸”色彩。

今舍舍去慈且而勇，舍俭且广，舍后且先，死矣。夫慈，以凭借（慈）战作战则胜，以守守御则固坚固。天将救拯救之，以慈卫保卫之。

六十八章

善为士此指武士者不武不武，不逞勇武，善战者不怒，善胜敌者不与相争，善用人者为之下谦下。为之下，居于谦下（之位）。是谓不争争竞之德，是谓用人之力能力，是谓配天配天，合符天道古一说“古”字衍，一说“古”即“天”之极准则。

六十九章

用兵有言：“吾不敢为主为主，指主动进攻而为客为客，指被动防守，不敢进寸而退尺。”是谓行háng行列，摆阵无行无行，没有阵势可摆。句意谓虽然有阵势，却像没有阵势可摆，攘rǎng举起，指举臂振奋无臂，执握着（兵器）无兵兵器，乃无敌矣。祸莫大于轻敌，轻敌几几乎丧吾宝指六十七章的三宝（慈、俭、不敢为天下先）。故抗兵抗兵，指势力相对等的兵力相加，则哀悲愤者胜。

老子讲述自己的战争观，不武、不怒、不与，充满老子“不争”的哲学色彩，老子的战争法则对中国的军事思想起着重要的指导作用。“凡伐国之道，攻心为上，攻城为下；心胜为上，兵胜为下”（《孙子兵法》），兵家并不以武力为胜利的第一要素，甚至武力运用是排在靠后位置的。

老子反对战争，迫不得已才发动战争，在战争中也以防守为主。

老子为何说他的话易知易行？因为老子说的一切都是顺应自然，顺乎天性。老子企图对世间万物做一个根本性的探索，然后用最质朴的话语说出最单纯的道理。可惜人们被名利所迷惑，与这些道理背道而驰。老子发出了他的感叹，“知我者希”，其实这也是很多知识分子的感叹。古来圣贤皆寂寞。

孔子也说过类似的话，“知之为知之，不知为不知，是知也”。人要有自知之明，这样才能求得不断发展。知不知，就是要有自省自觉的意识，要明白人的所知是极其有限的，不可能全知全会，抱着这种态度，才能在求知的道路上不断前行。

老子反对暴政。暴政压榨百姓，最后会逼使百姓铤而走险，走向暴力反抗的道路，这和我们一直说的官逼民反是一样的。

七十章

吾言甚易知懂得，甚易行实行。天下莫（竟）没有谁能知，莫能行。言有宗宗旨，事有君主宰。夫唯无知懂得（言有宗，事有君之理），是以不我知不我知，即不知我。知我者希稀少，则以为榜样，效法我者贵稀少。是以圣人被通“披”褐 hè 粗布衣服怀玉怀玉，怀里揣着美玉。句意指圣人往往不被人所了解。

七十一章

知不知句谓知道自己不知道，上最好；不知知句谓不知道，而自以为知道，病缺点，毛病。是以圣人圣人，有道之人不病不病，没有缺点，指不会把不知道当作知道，以其病病病病，以病为病，即把不知道当作知道看成是一种毛病，是以不病。

七十二章

民不畏威通“畏”，可怕的事，则大威大威，指更可怕的事至降临。无狎逼迫其所居所居，安身之处，无厌 yā 通“压”，堵塞其所生所生，指生路。夫唯只有不厌 yā 通“压”，压制，是以不厌厌恶。是以圣人自知了解不自见 xiàn 同“现”，表现，自爱不自贵。故去舍弃彼指代“自见”“自贵”取保持此指代“自知”“自爱”。

七十三章

勇于敢指无所顾忌，妄为蛮干，则杀被杀；勇于不敢不敢，指谨慎从事，则活生存。知此两者或有的利获利或害受害。天之所恶wù厌恶，孰谁知其故缘故？是以圣人犹难之。天之道，不争争斗而善胜获胜，不言说而善应应答，不召召唤而自来，绰chǎn缓慢然而善谋策划。天网恢恢恢恢，广大，疏指网孔稀疏而不失漏失。

老子以自然规律喻人类社会。他认为大自然的特点是不争、不言、自在、善谋，人类的行为也应该如此，柔弱慎重。老子、孔子等先秦诸子学说代表了当时中华民族乃至人类思想的最高水平，不过我们也要从历史的眼光看待诸子百家的学说，不盲从，不迷信。

七十四章

民不畏死，奈何以死惧之惧之，使之惧？若使若使，如果民常畏死，而为奇为奇，做越轨的事者，吾得执拘捕而杀之，孰敢句意谓谁还敢（为奇）？常通常有司杀者司杀者，专管杀人的人杀指去杀人。夫代司杀者杀，是代大匠斫zhuó用斧砍（木）。夫代大匠斫者，希少有不伤其手矣。

老百姓为何不畏惧死亡了呢？因为死亡发生得实在太随意了，随时都有死亡的危险，久而久之也就习惯了。如何让老百姓害怕死亡，让他们有生的希望，让他们恢复善、恶等关于生命价值的意识？当然老子反对统治者行刑杀人，一方面也认为生命应该由自然决定。

社会动乱的根本原因是统治者的穷奢极欲。老子、庄子讲养生，孔子讲修身，从来不是为统治者讲个人修为，而是与治国紧密相关。

七十五章

民之饥，以因其那上指统治者食吞食税租税之多，是以饥。民之难治治理，以其上之有为有为，喜欢多事，是以难治。民之轻看轻死，以其生生生生，产生要求生存的欲望之厚深厚，此指强烈，是以轻死。夫唯只有无以生为者无以生为者，不看重生命的人，是贤于贵生贵生，过分看重生命的人。

不得不佩服老子的洞察力，能够通过日常的生活观察，构建出一整套自洽的思想体系。而这套思想体系的观点是如此超群脱俗，可以把人们从现实当中抽离出来再回看现实。使用类比的推理手法是东方哲学的特点，是东方式思维所擅长的。

七十六章

人之生活着也柔弱柔弱，指肌肤柔软，其死也坚强坚强，此指僵硬。万物草木之生也柔脆，其死也枯槁。故坚强者死之徒类属，柔弱者生之徒。是以兵军队强则灭（被）消灭，木强则折（被）摧折。坚强处居下指劣势，柔弱处上指优势。

自然的规律到处都有显现，比如拉弓，损有余补不足。可是自然的规律为何在人类社会就变了呢？统治者的政策为何就是损不足而奉有余？老子于是乎自然而然地想到应该提倡统治者无为。但是无为就能损有余补不足吗？其中的关联似乎语焉不详。

七十七章

天之道，其犹张拉开弓欤语气词，表反诘？高者抑压低之，下者举之，有余有余，指弓拉得过分圆满者损减之，不足者补之。天之道天之道，自然之法则，损有余而补不足；人之道则不然——损不足以奉供给有余。孰能有余以奉天下？唯只有道者。是以圣人为而不恃自恃尽力，功成而不处占有，此指居功，其不欲见xiàn同“现”，表现贤才德。

七十八章

天下柔弱莫过超过于水，而攻坚攻坚，指能攻克坚硬之物，强强大者莫之能先超过。莫之能先，即莫能先之，其大概无以易代替之。故弱胜强，柔胜刚，天下莫没有人不知知道，莫能行实行。故圣人云：“受承担国全国之垢屈辱，是谓社稷主社稷主，国家的君主。受国不祥不祥，指灾殃，是为天下王君王。正正面言若反反话。”

七十九章

和指企图和解大怨仇怨，必有余怨余怨，遗留的仇怨，安怎么可以为以为，认为善？是以圣人执左契古时借债时的凭据，在一块木块或竹板上刻上文字，劈为两半，债主和借债人各持半块为凭。左契，即指借据的存根，由债权人执持而却不责求，讨还欠债于人。故有德有德，有德之人司管理契句谓有德的人，就像经管借据的人那样从容，无德司彻税收。句谓无德的人，就像经管税收的

正言若反是《老子》语言的一大特点。受国之垢是最大的屈辱，但只有这样才能配称为一国之主，仔细想来很有道理，国家大事，王侯谋划。正言若反的语言特点是和老子辩证认识事物分不开的，老子看待事物一直是相反相成，并且甘居下位的，所以听起来全是反话。

如果产生了怨恨，那么再调节也会留有余怨，用德来报答怨恨也无济于事，最好的办法是不产生怨恨。如何不产生怨恨？圣人即理想的统治者的做法是持有债权却不讨债。天没有私情，毫不偏私，那么如何帮助善人呢？原因在于天助自助者。圣人不去讨债，怨恨也就不会产生了。老子的愿望是美好的，这个美好的愿望是基于现实社会的苛捐杂税压垮了老百姓这一现实，而这个美好的愿望从历史来看终究只是一个愿望。

人那样计较。天道无亲指偏爱，常与帮助善人。

八十章

这一段可以说是《老子》的代言。老子描绘了他心中理想的社会“小国寡民”，这样的社会理想是基于战火纷乱、战争四起的现实。这样的社会形态现代人一定不喜欢，但在这样的社会中，人们桃花源式的生活状态“甘其食、美其服、安其居、乐其俗”却是中国人一直追求的。老子思想在每个中国人心中总有一席之地。

小国小国，使国小寡民寡民，使民少。使即使有什佰之器什佰之器，多种日用器具而却不用使用；使民重zhòng看重死而不远徙xǐ迁移；虽有舟舆yǔ车子，无所乘乘坐之；虽有甲兵甲兵，武器装备，无所陈陈列之。使民复回复结绳结绳，古代记事的方法而用之。甘其食甘其食，即以其食为甘美，美以……为美其服服饰，安以…为安适其居居处，乐以…为和乐其俗，邻国相望，鸡犬之声相闻，民至老死，不相往来。

八十一章

本段讲修身。典型的老子的语言，注重阐述事物的正反对立转化。这一段中很多语言已经转为人生格言，成为我们日常生活的行为准则。有些话语，比如“为而不争”，需要我们穷尽一生去修炼。

信真实言言论不美，美言不信。善者不辩巧说，辩者不善。知了解者不博卖弄，博者不知。圣人不积保留，既以为人为人，助人己愈有充实，既以与给与人己愈多。天之道，利利物而不害。圣人之道，为而不争争竞。

检测与评估

1. 请写出出自《老子》的成语、名句。

2. 请补出下列句子的空缺部分。

天下难事必作于易，______________。

天地不仁，______________。圣人不仁，______________。

将欲歙之，______________。将欲弱之，______________。______________，必固兴之。将欲取之，______________。

3. 解释下列加点词的意思：

（1）有名，万物之母

（2）玄之又玄，众妙之门

（3）见素抱朴，少私寡欲

（4）生而弗有，为而弗恃，功成而弗居

（5）揣而锐之，不可长保。

4. 请仔细阅读第六十四章，分点阐释老子关于“发展、变化”的观点。

5. 阅读下面三则材料，然后回答问题。

子曰：“君子道者三，我无能焉：仁者不忧，知者不惑，勇者不惧。”（《论语·宪问》）

子入太庙，每事问。或曰：“孰谓鄹人之子知礼乎？入太庙，每事问。”子闻之曰：“是礼也”。（《论语·八佾》）

曲则全，枉则直，洼则盈，敝则新，少则得，多则惑。是以圣人抱

一为天下式。不自见，故明；不自是，故彰；不自伐，故有功；不自矜，故长。（《老子》）

（1）以上三则材料在个人修养上表现出的共同点是什么？

（2）第二、三则材料中，孔子和老子的观点和表达观点的方式有什么不同之处？请结合材料具体分析。

《检测与评估》参考答案

1. 上善若水　小国寡民　大巧若拙　大音希声

无为而无不为。

圣人无常心，以百姓心为心。

天网恢恢，疏而不失。

2. 天下难事必作于易，天下大事必作于细。

天地不仁，以万物为刍狗。圣人不仁，以百姓为刍狗。

将欲歙之，必固张之。将欲弱之，必固强之。将欲废之，必固兴之。将欲取之，必固与之。

3.（1）母：根本。

（2）妙：奥妙。

（3）抱：持守。

(4) 有：占有　　恃：依仗　　居：占据

(5) 揣：锤击

4. “其安易持，其未兆易谋，其脆易破，其微易散。”我们要防微杜渐、未雨绸缪、防患于未然。在不好的事情刚刚出现或者还在萌芽状态的时候就把它化解掉。

“合抱之木，生于毫末。九层之台，起于累土。千里之行，始于足下。”说明万事积于忽微，量变引起质变；要成就一番大事，就必须从小事做起。

“民之从事，常于几成而败之。慎终如始，则无败事。”做事要善始善终，越是要成功的时候越是最艰难的时刻，这个时候容易掉以轻心，持之以恒才能把事情做好。

5. (1) 一个人只有谦虚好学，不自以为是才能有更高的智慧。

(2) 孔子是用自己的实际行动来表明谦虚好问不仅是个人修养，也是“礼”的要求。老子是通过类比手法和辩证思想（或：矛盾对立统一的思想）来表达观点的，他认为一个人不自现、不自是，谦虚谨慎，才是真正有智慧的表现。

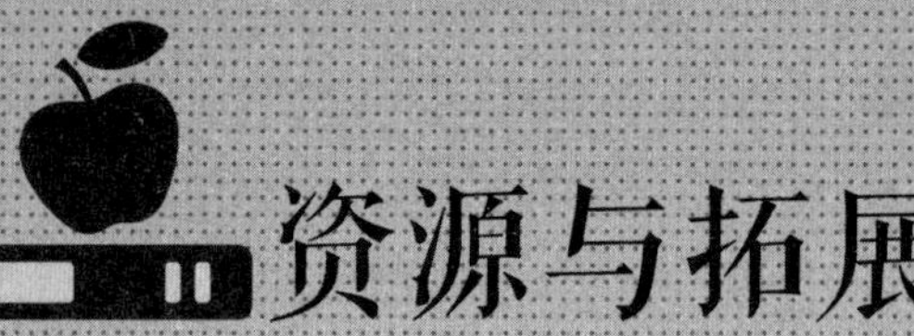

资源与拓展

老子者，楚苦县厉乡曲仁里人也。姓李氏，名耳，字聃。周守藏室之史也。孔子适周，将问礼于老子。老子曰："子所言者，其人与骨皆已朽矣，独其言在耳。且君子得其时则驾，不得其时则蓬累而行。吾闻之，良贾深藏若虚；君子盛德，容貌若愚。去子之骄气与多欲，态色与淫志，是皆无益于子之身，吾所以告子，若是而已。"孔子去，谓弟子曰："鸟吾知其能飞，鱼吾知其能游，兽吾知其能走。走者可以为罔，游者可以为纶，飞者可以为矰。至于龙，吾不能知其乘风云而上天。吾今日见老子，其犹龙邪!"老子修道德，其学以自隐无名为务。居周久之，见周之衰，乃遂去。至关，关令尹喜曰："子将隐矣，强为我著书。"于是老子乃著书上下篇，言道德之意五千余言而去，莫知其所终。或曰：老莱子亦楚人也，著书十五篇，言道家之用，与孔子同时云。盖老子百有六十余岁，或言二百余岁，以其修道而养寿也。自孔子死之后百二十九年，而史记周太史儋见秦献公曰："始秦与周合，合五百岁而离，离七十岁而霸王者出焉。"或曰儋即老子，或曰非也，世莫知其然否。老子，隐君子也。老子之子名宗，宗为魏将，封于段干。宗子注，注子宫，宫玄孙假，假仕于汉孝文帝。而假之子解为胶西王卬太傅，因家于齐焉。世之学老子者则绌儒学，儒学亦绌老子。"道不同不相为谋"，岂谓是邪？李耳无为自化，清静自正。

（节选自《史记·老子韩非列传》）

Ⅲ

对这三家，我经常比喻：儒家像粮食店，绝不能打。否则，打倒了儒家，我们就没有饭吃——没有精神粮食；佛家是百货店，像大都市的百货公司，各式各样的日用品俱备，随时可以去逛逛，有钱就选购一些回来，没有钱则观光一番，无人阻拦，但里面所有，都是人生必需的东西，也是不可缺少的；道家则是药店，如果不生病，一生也可以不必去理会它，要是一生病，就非自动找上门去不可。所以这三家，是碰不得的，是不可动摇的，更不必说“打倒”了。

（节选自《老子他说》，南怀瑾著，复旦大学出版社2017年版）

Ⅲ

儒家思想以人为中心，肯定人有向善的力量，但不可避免的是，人可能因利益而为恶，而为恶的力量似乎更大。如果依照儒家的想法，什么时候才能达成正面的效果？知其不可而为之，结果还是不可。所以老子希望我们调整观念，设法突破以人为中心的观点去思考万物，亦即要从万物来看万物。譬如，我说熊猫最可爱，那是人的观点，熊猫可能不觉得自己可爱。人区分益虫和害虫，是以人为中心。又譬如花与叶子，花没有叶子衬托不美；我们也可以倒过来欣赏叶子，用花来衬托它。道家思想的可贵之处，在于认清：只要排除人类的价值观，就可以呈现万物本身的价值；如果不能摆脱人类中心的想法，万物的价值都将蒙上一层人类的观点。

（节选自《傅佩荣讲老子》，傅佩荣著，北京联合出版公司 2018 年版）

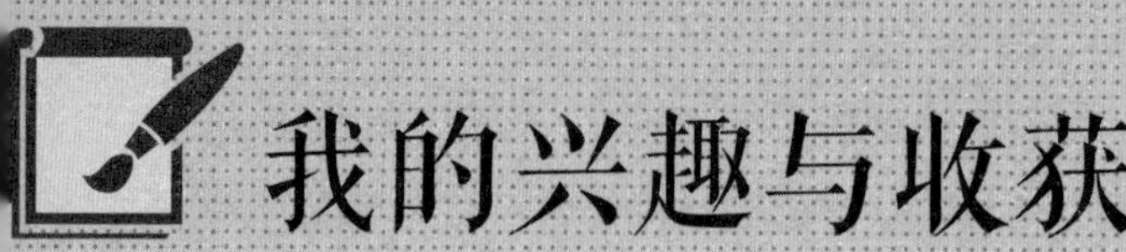

我的兴趣与收获

1. 在这本书的阅读与探究过程中，我的兴趣是什么？

2. 在这本书的阅读与探究过程中，我的收获是什么？

3. 在阅读与探究过程中，还发现了什么新问题？

4. 在阅读与探究过程中，有些什么经验？哪些方法还需要改进？